CORAZÓN ESPINADO

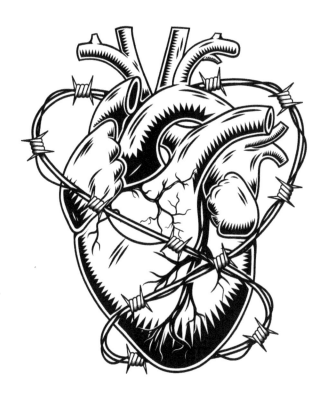

Maria Iglesias

Prefacio

Cuando el amor nos elude, dejando un vacío en nuestros corazones, a menudo encontramos refugio en las palabras. Es en esos momentos de vulnerabilidad, decepción y dolor cuando la poesía se convierte en una forma de expresar lo que nuestros corazones luchan por comunicar. *"Corazón Espinado"* es una de esas raras obras que recoge la esencia misma de estas experiencias humanas, contando una historia de amor perdido con una sinceridad que llega directamente al corazón.

Maria Iglesias, la autora de este libro, nos abre las puertas de su mundo interior, donde las emociones fluyen como ríos desbocados. A través de una serie de poemas y prosa, nos lleva de viaje por el amor, la decepción, el dolor y la angustia que ha experimentado. Su escritura es cruda, sincera y vulnerable, como un espejo que refleja las experiencias más profundas del alma humana.

En *"Corazón Espinado"*, Maria Iglesias no sólo explora el lado oscuro de las relaciones, sino que también nos conduce por un camino de curación. Nos recuerda que incluso cuando el amor se desmorona, queda la belleza de la expresión artística, que puede transformar el dolor en una forma de arte en sí misma. Las palabras se convierten en una especie de bálsamo para las heridas del alma, un refugio en el que buscar consuelo y fuerza.

Este libro es una invitación a sumergirse en las profundidades de la experiencia humana, a explorar la complejidad de las emociones y a encontrar consuelo en la belleza de las palabras. Es una llamada a reconectar con nuestro yo más auténtico, a celebrar la fuerza que reside en cada uno de nosotros y a creer que, a pesar de los retos y el dolor, siempre hay lugar para la curación y el renacimiento.

Maria Iglesias nos invita a tomar *"Corazón Espinado"* en nuestras manos como un precioso regalo, un compañero de viaje que nos apoya en el camino hacia la curación. Deja que sus palabras te guíen por el laberinto de las emociones humanas, inspirándote a encontrar la belleza en el dolor y la fuerza en la autenticidad. Este libro es un homenaje al amor perdido, pero también una celebración de la resiliencia y la capacidad humana de renacer de las cenizas de la angustia.

Estoy obsesionada contigo
por tu belleza tan verdadera,
tu mirada, un enigma,
tu sonrisa, primavera encantadora.

Mis sentimientos estallan
como una tormenta en pleno verano.

Sólo anhelo tu felicidad,
amarte como nadie puede

Mi corazón arde de amor
por ti, ser especial

Quiero abrazarte,
bajo la luna, amarte.

Recuerda que a veces
no hay nada malo
cerrar los ojos y
olvidar el mundo.

Disfruta del silencio,
libera la tensión,
escucha el latido de tu corazón,
piensa sólo en ti,
e imagina que haces eso
que siempre has soñado hacer y
aplazado durante años.

Cuando estés preparado y vuelvas a abrir los ojos
mirarás al mundo con amor,
descubrirás un universo por explorar,
que todos tus sueños están ahí para ser vividos.

Con ojos nuevos,
tendrás el coraje de afrontar cada desafío,
cada viaje,
porque dentro de ti, ahora lo sabes,
hay una fuerza que nunca se desvanecerá.

¿Recuerdas cuando
bromeábamos sobre
cuál de los dos quería
más al otro?

He ganado...

No sé qué hacer,
por un lado, quisiera olvidarlo
por cómo me hizo sufrir.

Al mismo tiempo,
tengo la certeza
de que es la única persona
que puede hacerme feliz.

Me has roto el corazón
y te odio
porque aún te amo.

Hoy ha sido
un mal día.

Y al final,
la única persona
que quería ver,
eras tú.

Cuando te hiere una persona
a la que habías explicado
lo que más te duele,
sientes ese dolor el doble.

No todas las personas
a las que amas permanecerán,
no todos en quienes confías
serán sinceros contigo.

Algunas personas existen
solo para ayudarte a comprender
a quiénes debes evitar
dejar entrar
en tu vida.

Eres la primera persona
a la que corría cuando estaba triste,
pero ahora eres la razón
por la que estoy triste y
ya no puedo correr hacia ti.

Te regalo
mi *ausencia*
y espero que tú
te pierdas en ella.

Quiérete lo suficiente
como para tomar
la decisión de marcharte
cuando ya no recibas
el respeto que mereces.

Nada dura para siempre,
excepto las heridas
que me dejaste.

Temo que esas
permanecerán para siempre,
cicatrices indelebles.

Hay un mar
de lágrimas oculto
tras mi sonrisa.

Un dolor invisible
pero profundo dolor
que ahoga
mi corazón.

Espero que puedas encontrar
a alguien que sepa
cómo amarte
cuando estás triste.

Por favor,
no me malinterpretes
si dejo de buscarte.

No significa que no me importes,
al contrario, me importa demasiado.

Pero no puedo sufrir más así,
es hora de pensar en mi propia vida.

Es así de extraño,
después de mil promesas,
mil hermosas palabras,
mil besos,
mil abrazos,
mil miradas y
mil mariposas en el estómago,
pronunciar quatro palabras:
ya no te amo.

No era nadie,
pero gracias a las cicatrices en el corazón
que me dejaste,
me convertí en la protagonista
de la historia de amor más triste
de mi vida.

Siento que te rompieran el corazón.
Siento que te hayan engañado.
Siento que no te quisieran tanto como pensabas.
Siento que te traicionaran.
Siento que no puedas dormir por las noches,
abrumado por tus propias lágrimas.
Siento que te sientas triste y sin valor.
Siento que te sientas completamente roto.

Pero, por favor,
prométeme que no cerrarás tu corazón,
no te vuelvas fría,
no rechaces a todo el mundo,
no huyas
no te abandones
no dejes de vivir.

Volverás a amar
y a ser amada,
te lo prometo.

Cuando se rompe,
le cuesta sanar,
y aun cuando sana
y vuelve a latir,
ya no late como antes.

El corazón es un órgano resistente pero frágil.

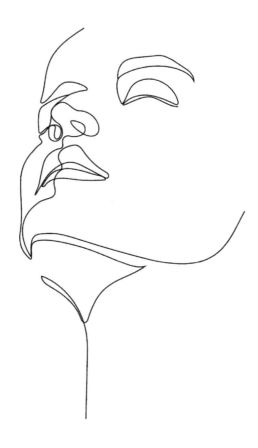

He borrado tu número,
pero lo conozco de memoria,
he borrado tus mensajes,
pero recuerdo todo lo que me escribiste,
ya no nos hablamos,
pero nunca olvidaré el sonido de tu voz,
ya no nos abrazamos,
pero tu olor aún está en mi ropa,
cada cosa que hicimos juntos,
la revivo cada noche en mis sueños.

No podía confiar más en ti,
cada vez que te ibas,
luego volvías jurándome
que no lo harías de nuevo.

Esta vez prefiero decirte
adiós.

No creo más
en las personas que regresan.
Yo solo creo
en quienes *permanecen*.

Siempre respondo que estoy bien,
que te he olvidado,
pero en realidad tengo un vacío en el pecho
como si me hubieran
arrancado el corazón.

Es verdad, el tiempo revela todo.

No importa quién te dice
que estará contigo,
sino quién permanece a tu lado
cuando todos los demás
se han ido.

Me sentía *equivocada*,
cambié todo de mí para agradarte,
sentía que no era suficiente,
hasta que comprendí
demasiado tarde
que el *equivocado eras tú.*

He pasado todo un verano deseándote,
esperando que te dieras cuenta
de mis miradas,
de mis sonrisas,
y luego una noche en la playa
te vi con ella,
mi corazón se congeló,
fue como el invierno en agosto.

Eres admirable
porque no eres
el reflejo de todo lo malo
que te han hecho.

Entre nosotros dos había algo especial,
algo que todos nos envidiaban.

No hablo del amor en sí,
sino de la *felicidad.*

Muchos se aman pero no son felices,
nosotros siempre lo fuimos.

corazón espinado

La venganza,
una ilusión sin sentido.

Sana,
cubre las heridas con amor y paciencia.

Continúa tu camino,
no permitas que el dolor
o la oscuridad te arrastren hacia atrás.

No permitas que a
quellos que te han lastimado
afecten tu futuro o moldeen tu esencia.

No te dejes corromper,
no te asemejes a ellos,
sé tú misma,
sé mejor,
brilla.

Hemos estado separados durante casi un año,
un año sin verte,
tratando de no pensarte,
de olvidarte,
pero cada persona,
cada cosa,
cada lugar,
cada aroma,
cada canción
me lleva de vuelta a ti.

Nos separamos de la peor manera.
Ya no nos vemos,
ya no nos hablamos.

Pero en los lugares donde estuvimos,
todavía estamos los dos...

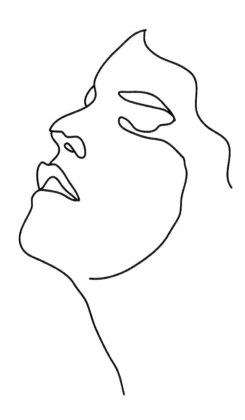

La única persona
que perdí
y realmente necesitaba
era *yo misma.*

Desde que me dejaste,
todo es más difícil,
pensaba que sería más fuerte,
que podría empezar de nuevo,
pero no puedo,
porque donde quiera que vaya,
sigo viéndote en los demás,
en sus sonrisas,
en sus miradas,
en sus formas de ser,
encuentro un matiz de ti
en cada persona que encuentro.

He sufrido tanto por ti,
me dejaste de repente.

Pero estoy segura de que un día,
cuando menos te lo esperes,
de repente *me extrañarás*.

Una mañana de domingo,
recordarás lo que éramos juntos
y sentirás un vacío repentino en el estómago,
volverás a querer
lo que era tuyo y dejaste ir.

Querrás volver a mí,
pero yo ya no estaré aquí.

Escucha el viento,
lleva consigo mi nombre,
porque en su susurro,
encuentro el tuyo.
No estaba planeado,
que nuestros caminos se separaran así,
era un vínculo incomparable.

Merecemos otra oportunidad juntos.

Debes ser libre de enamorarte.
Enamórate de alguien
con quien puedas ser *vulnerable*
sin necesidad de defenderte.

Me dejaste aquí,
en las arenas del tiempo,
una sombra de un amor
que se desvanece en el viento.

Palabras no dichas,
miradas que se pierden,
el profundo silencio
de un destino suspendido.

En los labios, el pesar,
en los corazones, la angustia,
las promesas rotas
en la noche del tiempo.

Me dejaste aquí,
entre los fragmentos del corazón,
aún buscando respuestas,
aún buscando amor.

Sé exactamente que tienes
tu propio lugar donde te escondes
cuando todo parece demasiado, demasiado duro.

Me gustaría formar parte
de ese lugar algún día.

Mi miedo era perderte,
y así, te perdí,
como un frágil pétalo al viento,
que roza el suelo y desaparece.

En la oscuridad de la noche,
aún te pienso y te siento,
con la esperanza de que algún día,
pueda tenerte de nuevo entre mis brazos.

Pero por ahora, solo me queda el pesar,
porque mi miedo era perderte,
y así, te perdí.

Creo que a veces
las cosas bonitas
terminan para que
cosas mejores
puedan llegar.

O al menos
pensarlo me hace sentir mejor.

Al final de la historia,
ambos perdimos:
yo perdí tiempo,
tú me perdiste a *mí*.

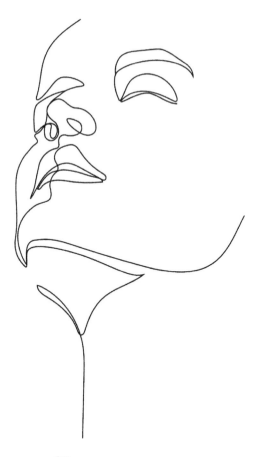

Me acompaña
esta extraña sensación,
ya no espero nada de los demás.

No sé si esto me reconforta
o me convierte en un alma apagada,
si esto me hace bien
o me deja vacía por dentro.

Creo que nadie
está tan ocupado
como para no poder
estar contigo,
si realmente lo desea.

Si lo quiere de verdad,
encontrará la manera
y te lo demostrará.

Si no lo hace,
déjalo ir,
porque significa
que no te quiere.

Lo demás son solo excusas inútiles.

No tengas miedo
de perder a las personas.

Ten miedo de perderte a ti misma
tratando de complacer a todos.

Tu amor por mí
era como un cálido abrazo
que ahuyentaba el frío del alma,
una luz que disipaba
las sombras de mi camino,
una brújula que me guiaba a casa,
en cada momento.

En cada instante,
tu amor siempre estaba aquí,
listo para calentarme,
iluminarme,
encontrarme.

Ahora aquí hace frío y oscuro...

Deja que las personas te pierdan,
sin intentar demostrar tu valía,
porque aquellos que
realmente te aprecian
sabrán reconocerlo.

Sucede así,
que un día conoces a alguien y
por alguna razón inexplicable,
te sientes más unido a ese desconocido
que a cualquier otra persona.

Aunque pienses
que tienes todo
lo que deseas,
ten por seguro
que justo antes
de quedarte dormida,
pensarás en la única cosa
que realmente deseas
y no tienes.

Juraste que mejorarías,
Dijiste que no me harías sufrir,
Prometiste que nunca podrías
amar a nadie más.

Mentiste.

Antes de volver con ellos,
solo quiero que recuerdes
cuánto te hicieron sufrir mientras
todo lo que pedías era amor.

¿Vale la pena todavía?

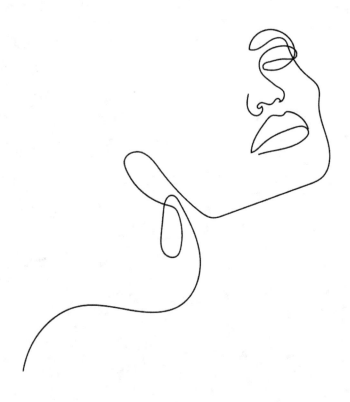

Aún hoy,
después de todos estos años,
me olvido de respirar
cuando te veo.

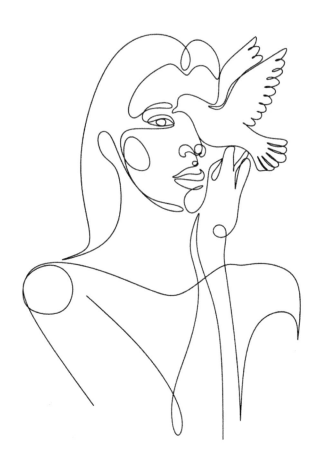

Y lo que duele más
es seguir amándote
a pesar de que hayas
destrozado mi corazón
en mil pedazos.

Son mil pedazos de *corazón*
que siguen amándote,
y duele mil veces más.

Si no está haciendo
nada para retenerte,
entonces *¿por qué estás
luchando por quedarte?*

Tengo un *gran corazón*
y a veces lo odio,
pienso demasiado,
me disculpo demasiado,
perdono demasiado,
me preocupo demasiado
por personas que
no se preocupan por mí,
me siento *culpable*
por cosas que
no puedo controlar,
y me siento sola
porque *temo* que
nunca encontraré a alguien
a quien ame tanto
como *yo amo*

Llora, dulce alma, deja ir el peso,
llora, como el rocío que acaricia la tierra ardiente,
llora, y abraza tu tristeza con valentía,
llora, porque cada lágrima es un paso hacia el alivio,
llora, y en el llanto encuentra tu fuerza interior,
llora, liberando la angustia que aún oculta el corazón,
llora, hasta que las lágrimas se conviertan en ríos
de sanación,
llora, hasta que tu alma finalmente pueda sonreír.

Ámate tanto
que no permitas
a nadie más
hacerte sentir equivocada.

¡Ámate!

He abandonado los *celos*
cuando me di cuenta
de que cada uno es libre
de ir a donde quiera
y perder
lo que quiera *perder*.

Nunca he perdonado
tus brazos
por haberme dejado ir.

Esa chica
ha cambiado ahora,
su aura es diferente,
una nueva luz en sus ojos,
se siente especial
porque después de tanto sufrir,
finalmente,
ha decidido elegirse
a *sí misma*.

Algunas cosas son hermosas
simplemente por lo que son,
no por lo que podrían llegar a ser.

Son hermosas ahí, suspendidas, intactas,
como una obra de arte
sin defectos ni manchas.

La mejor venganza
es la ausencia de venganza misma.

No te conviertas en
aquellos que te han herido,
continúa en tu camino
y permite que la *curación* suceda.

Al amarte,
abracé el dolor más profundo,
hasta que un día
me pregunté:

"¿Por qué me estoy destruyendo
por alguien que
no me quiere?"

y el dolor desapareció...

Quizás no estaba escrito
en nuestros destinos,
un vínculo eterno entre nosotros dos,
tan diferentes,
pero no lamento nada,
porque amé
sin miedo,
sin límites

Haber te encontrado
nunca ha sido un arrepentimiento,
pero amarte más allá de mis límites,
esperando que algún día
tú pudieras cambiar,
fue el error
más grande
que he cometido.

El amor me ha decepcionado
tantas veces que ya
he perdido la cuenta.

Pero la decepción
que más me ha herido
ha sido
no amarme
a *mí misma*.

¿Alguna vez has tenido que decir
adiós a alguien
pero dentro de ti
sentías una
voz que lloraba
gritando
quédate?

Nunca más perderé un solo instante
de mi vida luchando por alguien
solo para demostrar mi valía.

No tengo que demostrar nada a nadie.

¿Sabes por qué?

Porque he luchado
cada día de mi vida
para convertirme en la mujer que soy hoy,
y estoy malditamente orgullosa de ella.

*Solo aquellos que pueden apreciar
mi valía son dignos de estar conmigo.*

Has roto el corazón
de la chica
que te amaba
más de lo que ella
jamás se amará
a *sí misma.*

Hola, mi corazón,
solo quiero *disculparme*,
por todas las veces
que te hice sufrir.

La triste verdad
es que nos enamoramos
de las personas
que no podemos tener.

Las personas que te han herido
no merecen estar en tu vida.

Deben pertenecer al pasado
junto con todo el dolor que te causaron.

Debes aprender a mirar hacia adelante
y llenar tu futuro con tu propia luz.

Deja de pensar
en lo que salió *mal*
y comienza a pensar
en lo que podría salir *bien*.

Cuando estaba contigo,
me sentía desvanecer,
como si no existiera.

Ya no era una persona completa,
sino solo una sombra de mí misma,
arrastrada por ti sin un propósito claro.

Deberíamos haber construido juntos,
apoyarnos y valorar nuestras diferencias,
pero éramos como dos líneas infinitas
destinadas a nunca encontrarse verdaderamente.

Por más que intentaba acercarme a ti,
te alejabas cada vez más.

Te di todo,
y tú no me diste nada.

Tomaste lo mejor de mí,
dejándome sin nada de ti.

¿Cómo pudiste permitirme
abrirte mi corazón,
si sabías que al final
te marcharías?

No es el miedo al dolor
lo que me asusta,
sino el temor de ya no sentir
ni siquiera eso,
la sensación de ser
emocionalmente insensible,
ser como una cáscara vacía,
sin sensibilidad latente.

Creo que tú
nunca me has amado de verdad,
porque de lo contrario
estarías aquí
a mi lado.

Pero no estás aquí,
y tal vez ahora,
eres feliz junto
a otra persona.

Si pienso en cuánto
estaba enamorada de ti,
me da un poco de vergüenza.

Me avergüenzo porque lo que amé
no eras realmente tú,
sino una versión mejor de ti
que me construí en mi mente.

Y cuando me di cuenta de que eras
como todos los demás,
sentí pena por mí misma porque
amé al hombre que nunca serás...

Estoy segura
que ella
nunca te mirará
como yo solía hacerlo.

Tenía ojos
solo para ti,
mi corazón
era solo tuyo.

Y cuando
te des cuenta
querrás volver
conmigo.

Pero será
demasiado tarde.

A veces todavía me sucede
abrir WhatsApp
y releer nuestras
viejas conversaciones.

A veces tengo el impulso irrefrenable
de escribirte '*te extraño*'
pero luego no presiono *enviar*...

No lo hago porque creo
que para extrañarnos
deberíamos ser *dos*...

¿Sabes cuándo es que realmente siento
tu falta?

Cuando quiero contarte algo
pero ya no puedo hacerlo.

Estar enamorada de alguien,
aunque sepas que no pueden estar juntos,
es como quedarse bajo la lluvia torrencial.

Sabes que te enfermarás,
pero sigues ahí
porque la sensación
es extrañamente hermosa.

El peor momento,
antes de dormirme.

Ya no estamos juntos desde hace un tiempo,
pero siempre llega ese maldito momento.

Mi mente me lleva de vuelta
a los momentos felices con él:

cuando me hacía reír,
cuando venía a buscarme en su coche,
cuando me miraba y sonreía,
cuando me besaba.

Luego recuerdo el día
que me dejó
y lloro hasta quedarme dormida.

Recién despierta, pensé
en escribirte buenos días,
pero luego recordé
que ya no estamos juntos.

A veces no nos damos cuenta
que lo que nos mantiene aferrados a alguien
no es el *amor*,
sino el *miedo*.

Es triste cómo una persona
puede pasar de ser la razón
por la que te levantas por la mañana con una sonrisa,
a ser la razón por la que
te acuestas por la noche
con lágrimas en los ojos.

Cuántas veces he repasado nuestros momentos,
reviviéndolos en mi mente,
sintiendo cada emoción y escalofrío
como si estuvieran sucediendo de nuevo
en este preciso instante.

Cuánto te he amado en silencio,
tratando de hacértelo entender poco a poco,
sin exageraciones,
porque tenía miedo de que te alejaras.

Cuánto miedo he tenido de perderte
desde el primer instante en que estuvimos juntos.

¿Sabes cuánto duele ahora que ya no estás?

¿Sabes el vacío que has dejado
en lo más profundo de mi corazón?

Tú y yo,
siempre estaremos unidos por un hilo invisible.

Cuando nos separamos hace un año,
nunca nos dijimos adiós.

Lo llamamos un receso
para tratar de hacerlo menos doloroso.

Nunca cortamos ese hilo,
y aunque nuestras vidas sigan adelante,
siempre estaremos conectados
mientras ese hilo permanezca entre nosotros.

Pero si es verdad como dicen,
que todos regresan
tarde o temprano,
entonces ¿*por qué tú no vuelves?*

Me he construido muros a mi alrededor.

No para mantener a los demás fuera,
sino para ver
a quién le importo lo suficiente
como para derribarlos.

Nos separamos y
nunca lo habría
creído posible.

Dirás que fue
culpa mía pero
ambos sabemos
la *verdad*.

Terminó porque
tú no quisiste
luchar por nuestra historia
como lo hice yo.

Cada día
me pregunto
cómo dos personas
como nosotros que
compartieron
todo hasta ser
uno solo,
ahora pueden ser solo
dos *desconocidos*.

No puedo aceptar
un desperdicio
tan grande de amor.

Estaba realmente convencida
de que eras mi *alma gemela*.

Creía que esta vez
sería diferente.

Sentía la sensación
de que estábamos *conectados*
por una fuerza superior
al propio amor.

Nunca podré entender
cómo nuestra historia
pudo *terminar*
tan mal.

No me importa
que estés siempre conmigo,
lo que me importa es saber
que cuando estás conmigo,
realmente estás presente.

No estoy enojada contigo
porque ya no me quieras.

Estoy decepcionada
porque actuaste
como si te importara y
me hiciste enamorarme de ti.

Luego me dejaste
como si no hubiera
pasado nada.

Para mí, ya no existes.

Creo que la forma
en que me dejaste
siempre será un trauma para mí.

¿Cómo pudiste romperme el corazón así?

Si la ves,
ahora es diferente.

Tiene algo diferente
en todo, incluso en los ojos.

Se siente especial.

Tal vez porque después de tanto dolor y sufrimiento,
decidió ponerse en primer lugar,
decidió elegirse a sí misma.

Ho comprendido que es imposible
dejar de amarte,
así que ahora mi corazón
tiene una nueva oración.

Oraré para que puedas
encontrar la felicidad
y yo la mía.

Rezo para que alguien
pueda amarme
como yo te amé a ti,
y que yo pueda amar
a esa persona mil veces
más de lo que te amé a ti.

Solo así estoy segura de que te olvidaré.

Antes de estar contigo,
no pensaba
que fuera posible
extrañar tanto
a alguien.

Si me hubieras amado de verdad,
no me habrías herido,
no me habrías mentido,
no me habrías utilizado,
no me habrías traicionado.

Y tú no sabes qué es el *amor*,
no sabes qué es el *respeto*.

Tú no me mereces.

Cada vez que
me besas
siento un escalofrío
en cada parte
de mi *cuerpo*.

Debilidades.
Tú no tenías.
Yo tenía una:
amaba.

Prométeme esto.

Si hubiera otra vida más allá de esta,
y nos encontráramos de nuevo
en otro momento,
en otro lugar,
te ruego:
amémonos de la manera
en que debimos
amarnos desde el principio.

Porque no podría soportar
pasar otra vida
sin una parte de mi corazón.

Eres
cada uno
de mis
puntos
débiles.

Sigo sin entender
cómo hemos pasado
tan rápidamente
de serlo *todo*
a no ser *nada*.

La verdad es
que me siento
casi siempre
atrapada,
porque no logro
nunca describir
lo que siento
realmente.

Estaba allí para ti
en tus momentos de crisis,
estaba allí para ti
cuando tocaste fondo,
pero ¿dónde estabas tú
cuando yo te necesitaba?

Y ahora
ciertas puertas
se quedan cerradas
simplemente
porque he aprendido
a amarme
un poco más...

Cuando sufres
estás convencida de que
el dolor durará
para siempre,
pero confía en que
no será así.

El invierno dará
paso al verano.

Ningún invierno
dura para siempre.

El tiempo pasa,
pero el efecto
que me causas
nunca pasa.

La peor persona con la que estar
es aquella que no *quiere amarte*,
pero tampoco *quiere perderte.*

Cuánto tiempo
he desperdiciado
soñando
un futuro
con la *persona
equivocada.*

Querría poder regalarte
mi dolor
solo por un momento,
para que puedas entender
cuánto me has lastimado.

Y tal vez es eso mismo lo que me afecta.

Ser pesimista e imaginar ya
cómo terminará.

Y quedar desilusionada de todos modos,
porque en el fondo
me imaginaba
un final diferente.

¿Quién sabe si
me buscas
también a mí
entre la multitud
cuando estás
por ahí..

A veces *perder*
lo que querías salvar
puede ser la verdadera *salvación.*

Un día me amarás
como te amo yo,
me pensarás
como hoy pienso en ti.

Un día llorarás por mí
como yo lloro por ti.

Un día me querrás,
pero *yo ya no te querré más.*

El hecho es que
yo lo amaba más de lo que he amado
a alguien en este mundo,
pero no fue *suficiente*,
y él se fue como si fuera
lo más fácil de hacer
en este mundo.

Habla con todos.
Diviértete con muchos.
Confía en pocos.
Depende de nadie.

¿Sabes por qué no puedes
dejarlo ir?

Porque, a pesar de haberte hecho sufrir,
él era lo único
en este mundo
que sabía comprenderte
y que te hacía feliz.

Me debo las más grandes disculpas
por haber soportado
lo que no merecía.

La decepción
es ese
"hasta mañana"
que nunca
llegará.

Non voglio qualcuno che mi curi.

Voglio qualcuno che non mi ferisca più.

Las personas no nos decepcionan,
somos nosotros los que las sobrevaloramos.

Ellas siempre han sido las mismas,
fuimos nosotros los que necesitábamos
verlas *mejores*.

Está bien sentir tristeza.

Está bien experimentar dolor.

Está bien ser vulnerables.

Estamos hechos para tener emociones.

No tengas miedo de expresarlas.

Pero nunca te enamores de esa tristeza.

Puedo ver una película,
puedo escuchar música,
puedo estar con mis amigas,
puedo jugar con mi perro,
puedo ir al mar,
puedo hacer mil cosas
para tratar de no pensarte.

Pero al final del día,
cuando estoy sola
en mi cama,
el único pensamiento invencible
eres tú.

Si nunca nos hubiéramos conocido y
te viera hoy por primera vez,
me enamoraría de ti.

Otra vez,
a pesar de todo.

Me merezco
un amor
tan fuerte como
todo el dolor
que sentí.

Al final,
te darás cuenta de que
no estabas pidiendo demasiado,
solo estabas pidiendo
a la persona equivocada.

La persona adecuada moverá montañas por ti.

¿Sabes que no fue culpa tuya?

¿Sabes que no pudiste hacer nada
para cambiar esa situación,
y que nunca debiste luchar
tan fuerte solo para ser amada?

¿Sabes que mereces
que tus necesidades y sentimientos sean respetados?

Mereces ser amada,
apoyada y reconfortada
durante tus momentos más difíciles
en lugar de ser abandonada.

Nunca lo olvides.

No deberías rogarle a alguien que te ame.
No deberías rogarle a alguien que se preocupe por ti.
No deberías rogarle a alguien que hable contigo.
Y no deberías rogarle a alguien
que ponga vuestra relación en primer lugar.

Si ellos lo quieren, lo harán.

No dejes que las personas s
e conviertan en la prioridad en tu vida
cuando tú eres
solo una opción en la suya.

Mi culpa no fue amarte.

Mi culpa fue haber renunciado
a todo, incluso a mí misma,
solo para sentir ese amor.

Deberías estar orgullosa de ti misma
por la forma en que has enfrentado
este último período:
desde las batallas silenciosas que has librado,
hasta los momentos en que has caído
pero aún así has decidido levantarte
una vez más y mirar hacia adelante.

Eres una guerrera.

Así que hazte un favor,
celebra tu fortaleza.

Printed in the USA
CPSIA information can be obtained
at www.ICGtesting.com
LVHW021320230524
781070LV00004B/139